Karl-Heinz Röhlin

Radiesli waxn ned im Subbermargd

Gebeede af fränkisch

Karl-Heinz Röhlin

Radiesli waxn ned im Subbermargd

Gebeede af fränkisch

Freimund-Verlag Neuendettelsau

Bibliografische Information der Deutschen Nationalbibliothek
Die Deutsche Nationalbibliothek verzeichnet diese Publikation in der
Deutschen Nationalbibliografie; detaillierte bibliografische Daten sind
im Internet über http://dnb.d-nb.de abrufbar.

Karl-Heinz Röhlin
Radiesli waxn ned im Subbermargd
Gebete auf fränkisch
Mit einem Vorwort von Günther Beckstein
ISBN 978 3 86540 057 4
© Freimund-Verlag
Neuendettelsau 2008
www.freimund-verlag.de

Konzeption und Gestaltung: Ulrike Zellfelder, Freimund-Verlag
Titelbild: aboutpixel.de/RadieschenGegenlicht©Arnim Schindler
Gesamtherstellung: Freimund-Verlag, Neuendettelsau

„Bidded

und eich wärd geem;

suchd

und ier werd findn!" —

Fraali, wos andersch

wäier dengd!

INHALT

WENNS GOUD GÄID

WENNS SCHLECHD GÄID

FIER ANDRE BEEDN

BSUNDRE DOOCH IM JOAR

BEEDN MID ÄM BSALM

Grußwort

Liebe Leserinnen und Leser,

Karl-Heinz Röhlin hat Recht: Gott versteht bestimmt nicht nur Hochdeutsch. Er spricht mit jedem Menschen in seiner Sprache. Dass die persönliche Zwiesprache mit Gott dabei einen guten Klang hat, das zeigen die Gebete dieses Bandes.

Sie beweisen, welche große Bedeutung der Dialekt für uns hat. Er ist im besten Sinne ein Stück Heimat, das wir sogar überallhin mitnehmen können, so, wie uns auch Gott überall begleitet. Karl-Heinz Röhlins Texte lassen einen beim Lesen spüren, wie unmittelbar der Dialekt aus dem Herzen der Menschen kommt und wie er deshalb auch einen direkten Zugang zu Gott schafft.

Der Dialekt ist ein Stück Identität, das Heimat und Geborgenheit vermittelt. Gebete sind ein Ausweis des Vertrauens und der Sicherheit im Glauben an Gott. Dialekt und Gebet passen wunderbar zusammen.

Ministerpräsident Dr. Günther Beckstein

Vorwort

Pfingstmontag 2006. Ich predige in der Evang.-Luth. Kirche von Bad Wiessee. Angesichts der Kurgäste aus Norddeutschland bemühe ich mich, hochdeutsch zu sprechen. Nach dem Gottesdienst, bei der Verabschiedung an der Kirchentüre, erhalte ich unerwartete Komplimente. „Herr Pfarrer, des woar wäi derhamm. Sie hom su schee fränkisch gschbrochn. I kumm vo Laf", sagt ein älterer Herr. Eine Dame aus Fürth und ein Ehepaar aus Hersbruck äußern sich ähnlich. Dieses Erlebnis und der „Arbeitskreis Mundart in der Kirche" ermutigten mich, ab und zu Predigten und Gebete in Mundart zu formulieren. Das Echo war, für Franken durchaus untypisch, überwiegend positiv.

Den eigenen Dialekt in der Kirche zu hören, weckt offenkundig heimatliche Gefühle. Heimat ist für Menschen da, wo ihre Sprache gesprochen wird, wo sie sich verstanden fühlen. Der Dialekt ist nicht nur für uns in Franken die Muttersprache. Hochdeutsch, die erste Fremdsprache, die wir in der Schule lernen. Wir Franken tun dies, speziell bei Übungen in der Rechtschreibung, unter erschwerten Bedingungen. Ich erinnere mich noch an die Diktate in der Grundschule. Schon die Schreibweise „Diktat" war für mich schwer verständlich. Meine Lehrerin ermahnte mich auch, statt „Kullnamer" doch bitte „Kohleneimer" zu sagen. Inzwischen empfiehlt das „Staatsinstitut für Schulqualität und Bildungsforschung", dass Kinder wieder mehr Dialekt sprechen sollen. Originalton aus München: „Kinder, die Dialekt sprechen, haben eine innere Mehrsprachigkeit und besitzen dadurch eine höhere Sprachkompetenz." Wenn das meine Grundschullehrerin damals gewusst hätte!

Der Dialekt gehört zur Sprache des Glaubens.

Gott versteht nicht nur die deutsche Standardsprache. Auch in Mundart können wir dem Heiligen durchaus ehrfurchtsvoll begegnen. Jesus selbst ist hier das beste Beispiel. Voll Gottvertrauen sind seine Gebete. Anschaulich seine Reden. Er ermutigt die Leute zu kurzen, einfachen Gebeten. Wenn Gott seinen Sohn in Aramäisch, einem Regionaldialekt, predigen und beten lässt, dann brauchen wir heute unser „Fränkisch" nicht zu verstecken. Ganz abgesehen davon, dass dies unmöglich ist.

Ein Gebetbuch in fränkischer Mundart hat dennoch einen Haken: Fränkisch ist nicht gleich fränkisch. In Hof klingt es anders als in Bamberg, in Würzburg anders als in Nürnberg.

Als gebürtiger Neuendettelsauer, der in Ansbach zur Schule gegangen ist, einige Jahre in Trogen bei Hof sowie in Pappenheim lebte und nun in Nürnberg wohnt, schreibe ich dieses Buch in meiner fränkischen Mundart. In Zweifelsfällen habe ich mich am „Nürnberger Wörterbuch" von Herbert Maas orientiert. Wem die Gebete zu nüchtern oder zu kurz erscheinen, der sei daran erinnert, dass wir Franken uns kurz fassen. Nicht nur beim Beten.

FIER JEEDN DOOCH

A boar Gedanggn zon Beedn

Mei Maddeleerer in der Oberschoul
in Anschbach hod amool gsochd:
„Beedn is wos fier glanne Kinner
und fier alde Leid."
Dou hodder reechd kabd,
obber vergessn:
„Beedn is aa wos fier junge Leid
und fier Schdudierde!"
Manche soong heid:
„I konn nemmer beedn.
I wass ned, wäi des gäid!"
Derbei is des goar ned su schwer.
Des mousd du blouß wolln.
Beedn lernsd durch Beedn.
Ned andersch.
Am besdn nemmsder derfier
jeedn Dooch a weng Zeid.
In der Fräi odder am Oomd.

I glaab, dass Godd Gebeede härd.
I glaab, dass Beedn hilfd.
– Ofd ganz andersch, wäi mer dengd.

17

Oone weiße Wesdn

Vur Dir,
ewicher Godd,
schdäi i dou
mid leere Händ,
oone weiße Wesdn.

Drodzdem
konn i mid Dir reedn
wäi mid äm
goudn Freind.

Du horchsd mer zou
und iech horch
af Diech ...

Amen.

Der Pharisäer und iech

In der Bibl schdäid,
dass der Zöllner beedn dud:
„Godd, sei mer Sünder gnädich!"

Der Pharisäer sochd:
„Iech dank Godd,
dass i ned a su bin,
wäi di Andern ..."

Iech derwisch mi
wäi i denk:
„Godd sei Dank,
bin i ned a su
wäi der Pharisäer."

Befrei mi vo dem Ärrdumm

Befrei mi heid vo dem Ärrdumm,
dass i's jeedm
reechd machn koo.

Befrei mi heid vo dem Ärrdumm,
dass alles
an mir hängd.

Herrgodd, helf mer,
dass i mi ned
su wichdi nemm
und dir meer zoudrau.

Amen.

Befrei mi vo dem Ärrdumm,
dass i nix ändern koo.

Befrei mi vo dem Ärrdumm,
dass mi kanner brauchd.

Befrei mi vo dem Ärrdumm,
dass di Weld
immer schlechder wärd.

Herrgodd, helf mer,
dass i mi ned glänner mach,
wäi i bin.

Amen.

In der Fräi

Ewicher Godd,
danke,
fier den neia Dooch.

Danke,
dass i afschdäi koo.
Danke,
dass di Sunna scheind.
Danke,
dass i mei Ärberd machn koo.

I frei mi
af den neia Dooch.

Amen.

Helf mer

Herrgodd,
i wass ned,
wos heid alles kummd.
Helf mer, dass i des,
wos i dou soll
gscheid dou.

Helf mer, dass i des,
wos i soong soll,
deidli sooch.
Und wenn i
ruich sei soll,
dann helf mer,
dass i mei Goschn hald.

Amen.

Vuäm Essn

Alle goudn Goom,
alles wos mer hom,
kummd, oh Godd, vo Dir.
Mier danggn Dir derfier.
Amen.

Danke
fier den
deggdn Diesch.
Danke,
dass mer heid
banander sen.
Danke,
dass Du uns
vull eischängsd.
Danke,
dass uns es Leem
schmeggd.

Amen.

Offne Aung

Dem blindn Bartimäus
hosd Du, Jesus,
kaald
und der hod widder gseeng.

Gib aa mir offne Aung,
dass i ned blouß des sich,
wos i seeng will.

Lou mi des ooschaua,
wos mer Angsd machd.

Helf mer, dass i durchbligg,
wemmer anner
wos vurmachd.

Amen.

Am Oomd

Ewicher Godd,
wenn i zriggschau
af den Dooch,
dann konn i
blouß dangboar sei:
fier di Menschn,
wou mi meeng,
fier mei Ärberd,
fier unsern Hund,
aa douderfier
dass i gsund bin.

Amen.

Wennsd ned schloufn konnsd

Seid zwaa Schdundn
lich i wach,
und här di Gloggn schloong.

Ewicher Godd,
nemm mer mei Sorgn.
Lou mi ruich wern
und schigg mer
an goudn Draam.

Amen.

Schlechd draamd

A fremder Moo
hod mi verfolchd
und is immer näer kumma.
Di Angsd hod mi baggd.

Edzerdla lich i wach.
Di Angsd lässd nooch.

Godd sei Dank, –
Du bisd dou.

Amen.

Wer bin i vur Dir?

Wenn i
nachds allaa
am Fensder schdäi
und sich di dausend Schdern
und den Mond,
kumm i mer
ganz glaa vuur.

Wos is mei Leem
im Schdroom der Zeid?

Wer bin i vur Dir,
ewicher Godd?

Amen.

Underscheidn

Ewicher Godd,
gib mer di Glassnheid
des hiezunemma,
wos i
ned ändern koo.

Gib mer di Grafd,
zou ändern,
wos i ändern koo
und ändern soll.

Und helf mer,
des anne vom andern
zou underscheidn.

Amen.

(nach R. Niebuhr)

Fiern Friedn

Wenn i
deine Gebode befolch,
wäxd der Friedn.

Herrgodd,
lou mi su leem,
wäi Du willsd,
groud dann,
wenn's mer ned neibassd.

Lou mi
denne vergeem,
wou mer wäi dou hom.

Amen.

Ewicher Godd,
danke,
dass mer in Friedn
und Freiheid leem.

Danke,
fier di Menschn
wou fier Reechd
und Sicherheid sorgn.
Lou mi aa wos dou
fiern Friedn
und denne helfn
wou si ned
weern kenna.

Amen.

Du

Wou i gäi – Du!
Wou i schdäi – Du!
Nur Du, widder Du, immer Du!
Gäids mer goud – Du !
Douds mer wäi – Du!
Nur Du, widder Du, immer Du!
Himml – Du, Ärdn Du,
oom – Du , undn Du,
wouhie i mi wend,
an jeedm Änd
nur Du, widder Du,
immer Du!

(nach Martin Buber)

Der Balgn in meim Auch

I wass scho,
dass i ned richdn soll.
Drodzdem sich i
di Schblidder in di Aung
vo di Andern.
Und den Balgn
in meim Auch
sich i ned.

Herrgodd,
lou mi zerschd
vur meiner Dier kärn,
bevur i wos
ieber andre sooch.

Amen.

Salz der Ärdn

Salz der Ärdn,
Lichd der Weld
soll i sei! –

Du, Christus,
drausd mer
wos zou!

Helf mer,
dass i schärfer werd!

Lou mi dei Lichd
aasschdrooln!
Immer öfder!

Amen.

Unser Vadder im Himml

Unser Vadder im Himml,
Dei Nooma is mer heilich,
Dei Reich soll kumma,
wos Du willsd, soll sei,
im Himml und af der Ärdn.
Unser dächlichs Brod
gib uns heid
und vergib uns unser Schuld,
wäi aa mier denne vergeem,
wou an uns schuldi woarn sen.
Und fier uns ned in Versuchung,
sondern redd uns vuurm Bäisn;
denn Dir kärd es Reich
und di Grafd und di Herrlichkeid,
in Ewichkeid.

Amen.

Wenns goud gäid

Im Urlaab

Wenn i im Urlaab
am Meer
hogg und horch,
wos mer di Welln derzilln,
odder af äm Gibfl
hogg und horch,
wos mer der Wind sochd,
dann werri ganz schdill
und schbier Diech,
ewicher Godd.

Amen.

Wos zou Lachn

Su vill glachd
wäi heid in der Färder Komödie
hob i scho lang nemmer.
Mir doud edzerdla
mei Bauch nu wäi.
Danke, fier di Leid,
wou miech zon Lachn bringa.
Danke,
dass i wos zou Lachn hob.

Amen.

Lou mi umkärn

Zeen Aassädziche
hosd Du, Jesus,
kaald.
Blouß anner
is umkärd
und hod's der dangd.

Lou mi umkärn
und Dir danggn,
wall's mer heid
su goud gäid.

Amen.

Hallelujah

Wäi der Koar
in dem Konzärd
des Halleluja gsunga hod,
und di Drombeedn
su sauber gschbilld hom,
dou hädd i
greina kenna,
su schäi woar des.
Hallelujah.

Amen.

A schäiner Dooch

Der Frieling
lichd in der Lufd.
Di Groguss
schbidzn scho raus.
Des Eichhörnla
hubfd im Gadn
und oomds
demmer kadln.

Heid is wergli
a schäiner Dooch.

Amen.

Dschoggn

Im Wald
allaa dschoggn,
derhamm duschn
dann schmeggd mer es Bäir
und es Leem.

Godd, sei Dank
konn i nu dschoggn.

Godd, sei Dank
schmeggd mer
es Leem.

Amen.

Bam Foarroodfoarn

Wäi i
di gelbm Budderblummer
af der Wiesn gseeng hob
und den Abflbaam,
wäi der bläid,
dou hob i bremsd,
bin vom Foarrood roogschdieng,
hob mei Noosn
in di Abflbläidn
neigschdeggd:
Godd, oh Godd,
woar des schäi.

Amen.

In der Schdreiobsdwiesn

Wäi i
in der Schdreiobsdwiesn
am aldn Kanool
gleeng bin,
und di Sunna
hod mi gwärmd,
und der Gugugg
hod gruufn,
und der Wind
mei Gsichd gschreichld,
dou hob i
neigschaud –
in Himml.

Amen.

A dangboars Herz

Ewicher Godd,
du gibsd mer,
wos i brauch zon Leem:
Essn und Drinkn,
wos zon Ärberdn.
Bäicher und Mussig.

Schenk mer
a dangboars Herz
und offne Oorn
fier däi Leid,
wou miech braung.

Amen.

Am Sunndooch

Danke,
fier den Goddesdiensd

Danke,
fier di Forelln

Danke,
fier den goudn Schobbm

Danke,
fier den Schbaziergang

Danke,
dass i heid
a weng
mei Rou hob.

Amen.

„Bassd scho" — is zweng

Wäi mi heid
mei Kolleech su globd hod,
dou bin i fasd a weng
road worn.

Iech sollerd aa öfder soong,
wos mer gfälld.

I sollerd jeedn Dooch
Loblieder singa
af Andre und af Diech.

Amen.

Bleib Engl

Bleib Engl,

iech sich
Dein Glanz.

Bleib Engl,

iech schbier
Dei Händ.

Bleib Engl,

iech här
Dei Lied.

Bleib Engl,
bleib.

WENNS SCHLECHD GÄID

In mir is dunggl

In mir is dunggl,
ba Dir wärd's hell.

In mir is kald,
ba Dir wärd mer's warm.

In mir is laud,
ba Dir is ganz schdill.

I wass ned weider,
Du zeigsd mer den Weech.

Amen.

Der Himml is offm

Ba Deiner Daaf, Jesus,
im Jordan
woar der Himml offm.

Iech bin daafd
af Dein Nooma.
Des konn mer
kanner nemma.

Lou mi
Dir noochfolgn,
aa wenn's fier miech
Folgn hod.

Amen.

Du glabsd an miech

Wäi der ledzde Debb
Kumm i mer vur.
Jeeder haggd
af mer rum.

Gouder Godd,
Du haggsd ned af mer rum.
Du glabsd
an miech,
aa wenn i des
fasd ned
glaam konn.

Amen.

Im Granggnhaus

Den ganzn Dooch
lich i rum.
Nachds schnarchd mei Nachber
wäi a Weldmassder
und mei Narbm doud mer wäi.
Godd sei Dank,
kumma morgn di Fädn raus.
Godd sei Dank,
derf i iebermorgn widder hamm.

Herrgodd, helf mer,
dass i derhamm
a weng langsamer dou.
Lou mi ned im aldn Drodd
weidermachn.

Amen.

Vur anner Obberazion

Allmächdicher Godd,
i färchd mi
vur derer Obberazion.
Drei Schdundn solls dauern.

Sei ba mir
im Obberazionssool.

Helf dem Dogder,
der wou mi obberierd.

Lou mi widder afwachn
as der Nargoosn.

Amen.

Wennsd grangg bisd

Allmächdicher Godd,
Du willsd, dass mer's
goud gäid.

Drodzdem bin i grangg. –
Des machd mi ganz närsch.

Lou mi hiehorchn
und verschdäi
wos mer di Schmerzn soong.

Lou mi di richdiche
Andword geem.

Amen.

Wäi der ledzde Dreeg

Herrgodd,
iech verschdäi
di Weld nemmer.
Mier woarn su lang banander
und edzerd lässd däi miech hoggn.

Wäi der ledzde Dreeg
kumm i mer vur.

Helf mer, dass i
ned durchdräi.
Gib mer widder fesdn Buudn
under di Fäiß.

Amen.

Wos edzerd drou is

Iech wass ned
wou mer der Kuubf schdäid.
Iech wass ned,
wou i zerschd hielanga soll.

Zeich Du mer,
wos i zerschd dou soll.
Zeich Du mer,
wos i lassn koo.

Amen.

Ganz allaa

Herrgodd,
iech verschdäi des ned!

Worum
nemmsd du mer den Menschn,
der mer am libsdn woar?

Worum?

Des Wasser schdäid mer
bis zon Groong. –

Edzerd bin i
ganz allaa.

Amen.

Du wassd scho, wos i brauch

Iech wass ned,
wos i beedn soll,
hundsmied bin i
und leer.

Drodzdem fald i
mei Händ.

Iech brauch
goar nix soong.
Du wassd scho,
wos i brauch.

Amen.

Greina kennd i

Greina kennd i,
wall i su bläid woar.
Des hädd i
ned dou derfm.

Helf mer raus
as dem Schlammassl.

Iech wass, Du lässd mi
ned im Schdich.
Du hälsd zou mir.

Amen.

Däi wern si nu wundern

Glachd hom's ieber miech
und bläid gredd.
Am libsdn werri
im Ärdbuudn versunggn.

Du lachsd ned
ieber miech.
Du hilfsd mer.
Drum schdäi i widder af.
Denne zeich i's.
Däi wern si nu wundern.

Amen.

Ka gouder Dooch

Heid woar
ka gouder Dooch.
Mei Kuubf
doud mer wäi.
Mei Kombjuder
is abgschderzd.
Fasd zwaa Schdundn
bin i im Schdau
gschdanna.
Obber edzerdla
bin i derhamm.
Edzerd hob i
endli mei Rou.
Godd sei Dank.

Amen.

Kumm Engl

Kumm Engl,

iech brauch
Dei Lichd.

Kumm Engl,

iech brauch
Dei Grafd.

Kumm Engl,

sing
Dei Lied.

Kumm Engl,
kumm!

Fier andre beedn

Ob Beedn wos änderd?

Wenn i in der Fräi
in der Zeidung blädder,
nou schmeggd mer manchmool
mei Kaffe nemmer.
Di Bilder vo misshandlde Kinner
odder vo Unfäll, gänger mer nooch.

Manchmool fang i ieber der Zeidung
des Beedn oo,
fier di Kinner,
wou gschloong wern,
fier Eldern,
wou iern Boum odder ier Maadla
ba äm Verkärsunfall verlurn hom.
Manchmool bed i aa fier di Bollidigger.

Edzerd froogsd du villeichd,
ob des wos änderd?
Jeednfalls änderds miech!

Fier di schwangre Fraa

Herrgodd,
iech denk
an di schwangre Fraa
vo der U-Boon.
Di hod su drauri gschaud,
mid iere brauna Aung.

Schenk derer a gsunds Kind
und an Moo
der's immer widder
in Arm nemmd
und driggd.

Amen.

Worum?

Godd, oh Godd,
zwaa junge Leid
sen gschdorm
ba dem Verkärsunfall.
Iech denk an di Eldern,
denne wärds
des Herz zreißn.

Herrgodd,
Worum?

Amen.

Fier mei Danda

Heid is
mei Danda
gschdorm.
Sie woar fasd neinzg Joar
und lang gleeng.
Goud had's
fier miech gsorchd,
wäi i glaa woar.

Sorch Du
edzerd goud
fier mei Danda.

Amen.

Fier mein granggn Freind

Herrgodd,
Du wassd
wäi schlechd banander
mei Freind is.

Helf mer,
dass i goude worde find,
wenn i den heid bsouch.
Lou nern widder
a weng lachn.

Amen.

Fier den aldn Moo vom Subbermargd

Der alde Moo
mid seim Gäiwächerla
im Subbermargd,
hod su zidderd
und is su schwer gloffne.
Hoffendli hod der derhamm
jemandn der närm hilfd.
Godd sei Dank,
hob i dem
an der Kassa bam Eibaggn
a weng kolfn.

Amen.

Vill Zeid bleibd nemmer

Ba derer Fluud
hom di Leid
alles verlurn:
iere Viecher, Haus und Huf.

Herrgodd,
lou uns endli
di Zeichn der Zeid erkenna.
Mier mäin wos dou
fier di gschundne Ärdn.

Vill Zeid
bleibd nemmer.

Amen.

A neie Niern fier mein Kolleeng

Dreimool di Wuchn
mou er zour Dialys.
Jedsmool dauerd des
fasd achd Schdund.

Seid zwaa Joar
ward er
af a neie Niern.

Herrgodd,
lou nern bald
an Schbender findn
und miech
mein Organschbenderasweis.

Amen.

Fier di Moni und iern Moo

Allmächdicher Godd,
Du wassd,
wäi schwer si di Moni und ier Moo
midernander denna.

Er sichd blouß sei Ärberd.
Sie maand,
des Leem läffd an ier vuurbei.
Und di Kinner
schdenna zwischndrin.

Lou däi zwaa
zur Vernunfd kumma
und widder midernander reedn.

Amen.

Fiern Heinz

Herrgodd,
der Heinz hod heid
scho widder
a Foona kabd.
Iech glaab,
der saufd widder.
Iech konn dem
ned helfn.

Lou nern eiseeng,
dass su ned weider gäid.
Sunsd saufd si der
nu goar zamm.

Amen.

Fier di Fraa afm Boongleis

Seid anner Schdund
schdäid unser Zuuch
middn af der Schdregg.

A Fraa
hod si
vurn Zuuch gworfn.

Gib Du der Fraa
edzerd den Friedn,
den's in ierm Leem
ned kabd hod.
Lou den Loggfierer
sein Schogg ieberwindn.

Amen.

Fiern Kevin

Verdorschd und verhungerd
is der glanne Kevin.
Su schdäids in der Zeidung.

Herrgodd,
in wos fier anner Weld
leem mier,
wou des Wimmern
vo am glann Kind
ned kärd wärd?

Fier di Flichdling

Scho widder
homs ba Bari
Leid as Afriga
as'm Meer gfischd.

Edzerd hoggn däi dou
in iere Deggn und ziddern
vur lauder Angsd.
A Bild zon Derbarma.

Hoffendli
derbarmd si anner
ieber di Flichdling.

Amen.

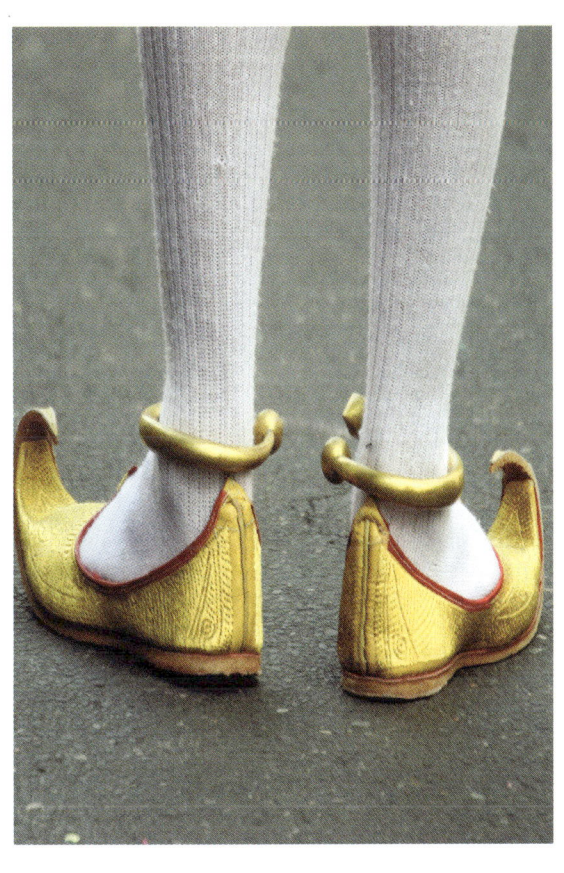

BSUNDRE DOOCH IM JOAR

Worum di Feierdooch?

Schdell der vur,
di dreihunderdfünfersächzg Dooch
im Joar wärn alle gleich,
anner wäi der ander:
ka Sunndooch,
blouß a boar Urlaabsdooch.
Wenn i mer des vurschdell,
dou däd mer wos fäln.
Di Feierdooch underbrechn
den Alldoochsdrodd.
Däi erinnern drou, wos frieer woar.
Wennsd des ned wassd,
verschdäisd di selber ned.
Drum is scho goud,
dass mer am achdn Mai ans Änd vom
zweidn Weldgräich denggn.
Drum is scho goud,
dass den Volchsdrauerdooch gibd.
Aa der Gedengdooch an di
Menschnrechde is wichdi.
Weinachdn und Osdern suwiesu.

Neijoar

Wäi a leers
Bladd Babier
lichd des neie Joar
vur mir:
Dreihunderdfünfersächzg Dooch.
Wos kummd? –
Des is verborng!

Af Diech werf i
mei Sorgn
Du bisd –
des is ka Frooch –
ba uns
an jeedm Dooch.

Amen.

Heilich Dreikäinich

Di Weisn
as dem Morgnland
sen Deim Schdern
noochganga,
aa wenns den am Dooch
goar ned gseeng hom.

Iech gäi
Deim Schdern nooch
und sich den aa ned
immer.

Amen.

Im Fasching

Allmächdicher Godd,
ned blouß im Fasching
hob i manchmool
a Masgn af.

Obber vur dir,
brauch i kanne.
Du kennsd mi.
Ba Dir derf i sei,
wäi i bin.

Amen.

Gedengdooch an Auschwitz

Ewicher Godd,
wenn i di Bilder
vo Auschwitz sich,
konn i di Verbrächn
ned fassn.

Obber i gräich
a Sauwud
af di Ewichgesdrichn,
wou heid widder soong:
Des schdimmd
alles ned.

Amen.

Aschermiddwoch

Alles hod sei Zeid,
aa des Fasdn und Beedn.

Lou mi
mei Fähler ooschaua
und umkärn,
wou i
afm Hulzweech bin.

Lou mi
bam Fasdn des Leem
widder schbiern.

Amen.

Ballnsunndooch*

Wäi Du in Jerusalem
eizuung bisd,
homs Glaader und Zweich
af di Schdraß gleechd
und „Hosianna" gschriea.

A boar Dooch schbäder:
„Greizichd den!" – „Greizichd den!"
Noo liegns banander:
„Hosianna!" und
„Greizichd den!"

Domools und heid.

Amen.

*In Anlehnung des Wortes „Palm" an nürnbergerisch" Balln" –
der Ball, entwickelte sich ein alter Brauch. Man schenkte den Kin-
dern acht Tage vor Ostern kleine, mit Sägespänen gefüllte Bälle.

Gräidunnerschdooch

Vur Deim
ledzdn Bassafesd
hosd Du, Jesus,
mid di Jünger
des Oomdmool gfeierd.
Sugoor midm Judas.

Heid lädsd
Du miech ei.

Iech kumm.

Amen.

Koarfreidooch

Christus,
verroodn
vom Judas,
verurdeild
vom Pilatus,
oogschbodzsd
und gschloong
vo di Soldoodn,
verschbodded
vo denne Gaffer
verlassn
vo deine Freind,
su bisd Du gschdorm
am Greiz vo Golgatha

aa fier uns.

Amen.

Wenn's ans Schderm gäid

Herrgodd,
wenn's ans Schderm gäid,
dann lou mi
af's Greiz schaua. –

Friedn findn.

Ganz undn
bisd Du dou,
und es wärd hell.

Amen.

Koarsamsdooch

Der Josef vo Arimathäa
hod'n Jesus
vom Greiz rundergnumma,
in a Douch gwiggld
und in a Felsngroob neigleechd.

Wos der Pilatus dengd,
woar dem worschd.

Herrgodd,
gib mer aa su an Glaam
damid i mi meer drau.

Amen.

Osdern

Wenn i
di Osderbodschafd här,
hob i än Haufn Froong,
wäi domools der Thomas.

Obber wenn der Koar singd:
„Christ ist erstanden"
und es Hallelujah
lichd in der Lufd,
dann nemmd mi
di Hoffnung mid.

Amen.

Des Leem is schdärger ...

I glaab,
dass des Leem
schdärger is
wäi der Doud.

I glaab,
dass mi nix
vo Godd
drenna koo.

I glaab,
dass Christus lebd -
in dir
und in mir.

Amen.

Ärschder Mai

Schwaze Zooln
homs gschriem
und drodzdem
in Närmberch di AEG
und in Bochum Nokia
dichdgmachd.
Iech denk
an di Leid,
wou edzerd
af der Schdraß schdenna.

Herrgodd,
lou däi widder
Ärberd findn
und di Hoffnung
ned verliern.

Amen.

Achder Mai

Mei Onggl
is gfalln
im Gräich.

Mei Vadder
woar in Gfangaschafd.

Mier leem seid
ieber sächzg Joar
in Friedn.

Allmächdicher Godd,
helf denne
wou wos dou
fiern Friedn.
Lou aa miech
Friedn schdifdn,
wou i koo.

Amen.

Mudder– und Vadderdooch

Ewicher Godd,
Du bisd
wäi a gouder Vadder,
wäi a goude Mudder.

Lou mi
af Diech schaua,
damid i
a gouder Vadder bleib,
aa wemmer di Kinner
iebern Kuubf waxn.

Amen.

Pfingsdn

Kumm, Heilicher Geisd.
Schau,
di Kärch lichd arch dernieder
singd su drauri iere Lieder.

Kumm, Heilicher Geisd.
Schau,
des Gsichd vo derer Weld
durch Luuch und Druuch
is schwer endschdelld.

Kumm, Heilicher Geisd.
Schau,
iech bin su ofd verwärrd!
Wäi ofd scho
hob i mi geärrd!

Kumm, Heilicher Geisd.

Amen.

Hochzeidsdooch

Ewicher Godd,
edzerd semmer scho
su lang verheired
und meeng uns
immer nu.
Des is fier miech
wäi a Wunder.

Du hosd uns kolfn
in goude und schwere Dooch.
Bleib ba uns
mid deim Schudz
und Seeng.

Amen.

Gebodsdooch

Ewicher Godd
wenn i heid zriggschau,
dann konn i blouß
frou und dangboar sei,
aa fier di Umweech,
wou i ganga bin.

Wenn i vurwärds schau,
nou bin i gschbannd,
wos nu alles kummd.

Wos aa kummd,
iech nemm's as Deiner Händ.
Wenn i mi an Diech hald,
fäld mer nix.

Amen.

Kärwa

Seid
zwaahunderdfuchzg Joar
schdäid unser Kärch
middn im Dorf.
In derer Kärch
bin i daafd worn
und konfermierd.

Iech frei mi
ieber unser rennowierde Kärch,
iebern Bosaunakoar
und ieber di neie Pfarreri.

Amen.

Ärndedangfesd

Rabarber und Radiesli,
Kullraabi und Kadoffeln,
waxn ned im Subbermargd.
Däi waxn, wall di Bauern
di Ägger heeng und pfleeng. –

Du, ewicher Godd,
lässd di Sunna scheina
und sorchsd fiern Reeng.

Lou mi Diech seeng
aa im Rabarber
und in di Radiesli.

Amen.

Nooch der Wool

Allmächdicher Godd,
lou di Bollidigger
ned vergessn,
wos vur der Wool
verschbrochn hom.

Lou di neie Rechierung
wos dou fiern Friedn,
di Menschnreechde,
fier neie Leerschdelln,
und di glann Bedriebe.
Aa fier däi Leid,
wou si ned selber
helfn kenna.

Amen.

Refomazionsfesd

Allmächdicher Godd,
du willsd Friedn
aa in der Kärch.

Lou uns di Underschiede
ashaldn und erdroong.

Globf denne
af di Finger,
wou heid widder
neie Gräbm afreißn.

Lou widder zammwaxn
wos zammkärd.

Amen.

Allerheilichn

Danke
fier di Heilichn,
fier den heilichn Franz,
fier di Theresa von Avila,
fier'n Dietrich Bonhoeffer.

Wenn i af däi schau,
dann zieng däi miech oo.

Herrgodd,
lou mi immer widder
af däi schaua.

Amen.

Bogroomnachd

Ewicher Godd,
di Judn
sen und bleim
dei aserwälds Volch.

Lou uns,
denne weern,
däi wou heid widder
geecher di Judn hedzn
und an Synagoong Hounggreize
hieschmiern.

Amen.

Madinsdooch

Der heiliche Madin
is vo seim houng Ross
roogschdieng
und hod mid dem Beddler
sein Mandl daald.

Herrgodd,
lou aa miech vo meim houng Ross
rooschdeing
und des Daaln lerna.

Amen.

Bouß- und Beeddooch

Wer schdäi blabd,
kummd ned weider.

Wer ned umkärd,
kummd ned oo.

Herrgodd,
Du willsd,
dass i weiderkumm.
Du willsd,
dass i ookumm.

Drum kär i um –
zou Dir.

Amen.

Ewichkeidssunndooch

Ewicher Godd,
vur Dir is mei Leem
wäi a Wimbernschlooch.

Kumm
mid Deiner Ewichkeid
edzerd scho zou mir.

Lou mi seeng,
wos wergli wichdi is.
Iech will mei Leem
ned verblämmbern.

Amen.

Im Advend

„Des Volch
wou im Finsdern wandld,
sichd a grouß Lichd."
Su sochd der Brofeed Jesaia.

Warm
fälld des Word
in miech nei.
Warm
leichdn di Kerzn
afm Advendsgranz.

Herrgodd,
Du kummsd zou uns
ned blouß im Advend.

Amen.

Allmächdicher Godd,
Du wärsd
anner vo uns.
Des konn i
fasd ned glaam.

Lou mi wern,
wos i in deine Aung
scho lang bin.

Amen.

Dooch der Menschnrechde

Ewicher Godd,
ob braun odder gelb,
ob schwaz odder weiß,
vur Dir
sen alle Menschn gleich.

Lou mi
gscheid hieschaua,
dass i in jeedm Menschn
dei Eembild sich.

Amen.

Weinachdn

Jeeds Joar widder
här i di Bodschafd vo di Engl:
„Eich is heid der Heiland geborn!"

Jeeds Joar widder
schdäi i vuur der Gribbn.

Jeeds Joar widder sing i
„Schdille Nachd".

Jeeds Joar widder
wunder i mi.

Amen.

Am Ofang di Gribbn,
am Änd es Greiz.

Wenn i des bedenk,
wärd mer's ganz andersch.

Ganz andersch
bisd Du, Godd,
wäi i ofd denk.

Ganz andersch.

Amen.

Silvesder

Des Joar
gäid laud zou Änd.
I fald mei Händ.
Wos alles woar,
an Schmerz und Leid,
an Lachn und
an Draurichkeid,
Du wassd des,
Herr der Zeid.

Iech schau af des,
wos alles woar,
gäi drodzdem frou
ins neie Joar.

Amen.

BEEDN MID ÄM BSALM

Wäi a Baam an äm Booch

Wool dem Moo
der wou ned di Goddloosn
noochrennd;
aa ned hoggd
wou di Schbödder hoggn,
sondern si an di Gebode häld,
am Dooch und in der Nachd.

Der is wäi a Baam an äm Booch,
sei Blädder welgn ned
und wos der doud
wärd wos.

(nach Psalm 1)

Du bisd ba mir

Wenn i aa wander
im finsdern Dool,
färchd i ka Ungligg
denn Du bisd ba mir
Dei Schdeggn und Schdoob
drösdn miech.

(nach Psalm 23)

Damid mer gscheid wern

Herrgodd,
Du bisd unser Zoufluchd
fier und fier,
bevur di Berch und di Ärdn
und di Weld woar,
bisd Du vo Ewichkeid zou Ewichkeid.

Unser Leem dauerd siebzg Joar
und wenn's houch kummd
sens achzg Joar.

Helf uns bedenggn,
dass mer schderm mäin,
damid mer gscheid wern.

(nach Psalm 90)

Seine Engl

Seine Engl
hod er befooln,
dass däi af diech afbassn,
wou immer du hiegäisd,
dass däi diech
af di Händ droong
und du dein Fouß
ned an am Schdaa
oohudzd.

(nach Psalm 91,11)

Noochword

Am Änd konn i blouß nu „Danke" soong:
Unserm Herrn Minisderbressidendn fier sei
freindlis Groußword;
meiner Fraa und meim Freind Walter Schatz
fier's Korregdurlesn;
Beate Paul, dass den Dexd gschriem hod,
und Ulrike Zellfelder fier die Fodos und fiers
Läiaud.
Herr Pfarrer Herzog vom Freimundverlooch
hod zerschd a weng zauderd, obber nou hod
er des Bouch doch druggn loun, obwool er
ned fränkisch sprichd.

Su vill Dolleranz is heidzudooch wergli ned
selbsdverschdändli.

Bildnachweis

Erika Geiger

Wilhelm Löhe
1808 – 1872

Leben – Werk – Wirkung

359 Seiten geb.,
ISBN 978 3 86540 244 8, 17,80 Euro

Wer war Wilhelm Löhe?
Darauf möchte die Autorin Erika Geiger in allge-
meinverständlicher Weise eine Antwort geben.
Ihre Biografie zeichnet sich dadurch aus, dass
die Quellen ausgiebig herangezogen wurden,
Löhe also selber zu Wort kommt. Wer sich auf
Löhe einlässt, muss damit rechnen, dass dieser
auch manches in Frage stellt, was sich im 21.
Jahrhundert als lutherisch verstehen will.
Löhe vertrat geradezu revolutionäre Ideen und
wollte allein im Wort Gottes die Quelle aller
kirchlichen Arbeit sehen.

 Missionsstraße 3 · 91564 Neuendettelsau
Tel.: 09874 68933-0 Fax: 09874 68933-99
E-Mail: kontakt@freimund-verlag.de